맑스주의 이해하기

맑스주의 이해하기

지은이 / 리처드 울프
옮긴이 / 손호종
펴낸이 / 강동권
펴낸곳 / (주)이학사

1판 1쇄 발행 / 2023년 4월 5일

등록 / 1996년 2월 2일 (신고번호 제1996 - 000015호)
주소 / 서울시 종로구 율곡로13가길 19-5(연건동 304) 우 03081
전화 / 02-720-4572·팩스 / 02-720-4573
홈페이지 / ehaksa.kr
이메일 / ehaksa1996@gmail.com
페이스북 / facebook.com/ehaksa·트위터 / twitter.com/ehaksa

한국어판 ⓒ (주)이학사, 2023, Printed in Seoul, Korea.

ISBN 978-89-6147-426-9 03300

UNDERSTANDING MARXISM by Richard D. Wolff
Copyright ⓒ Richard D. Wolff, Democracy at Work 2018

All Rights Reserved.
Korean Translation Copyright ⓒ 2023 Ehaksa Inc.

This Korean edition is published by arrangement with Democracy at Work through Guy Hong Agency, Seoul.

이 책의 한국어판 저작권은 기홍에이전시를 통해 Democracy at Work와 독점 계약한 (주)이학사에 있습니다. 저작권법에 의해 한국 내에서 보호를 받는 저작물이므로 무단 전재와 무단 복제를 금합니다.

* 책값은 뒤표지에 표시되어 있습니다.

맑스주의 이해하기

Understanding Marxism

리처드 울프 지음 손호종 옮김

감사의 말

나는 이 소책자를 만드는 데 도움을 준 '일터 민주주의(Democracy at Work)'의 나의 동료들에게 감사드린다. 베시 아빌라(Betsy Avila)와 리즈 필립스(Liz Phillips)는 시작부터 끝까지 이 프로젝트를 총괄했다. 마리아 카르네몰라(Maria Carnemolla)는 그 과정에서 중요한 조언과 교정에 기여했다. 루이스 드 라 크루즈(Luis de la Cruz)는 표지 그림을 꾸몄다. 제이크 키엘(Jake Keyel)과 앤드리아 이안노네(Andrea Iannone)는 최종본을 편집했다. 우리 모두의 수많은 대화가 이 에세이를 만들어냈는데, 실제로 그런 대화들에 비영리 협동 프로젝트인 '일터 민주주의'의 모두가 참여하기 때문이다.

차례

감사의 말 5
서문 9

1장 ——————— 15
2장 ——————— 23
3장 ——————— 37
4장 ——————— 53
5장 ——————— 59
6장 ——————— 69
7장 ——————— 79

칼 맑스로부터의 인용구 91
더 읽을 자료 95
리처드 울프에 대하여 97
일터 민주주의에 대하여 99
옮긴이의 말 101

서문

브렉시트와 트럼프 그리고 전지구적인 반(反)이주, 반(反)외국인, 우익 물결은 2008년의 붕괴(crash) 후 자본주의가 얼마나 심각한 문제를 겪고 있는지를 보여줄 뿐이다. 그것들은 1929년 자본주의 붕괴 후 많은 곳에서 일어났던 것을 그대로 반복한다. 수많은 사람이 경제 쇠퇴로 겁을 먹고 있다. 교육도 미디어도 비판적인 정치운동 참여도 그들로 하여금 앞으로의 붕괴 및 연이은 잃어버린 10년을 대비하도록 하지 못했다. 그래서 많은 사람은 위협적인 급락[급속한 경제 하강]을 뒤집는 데 어떻게든 도움이 될 만한 변화를 위해 분노에 차 필사적으로 나아가고 있다.

지난 반세기의 냉전과 그것이 정치, 문화, 이데올로기에 미친 영향을 고려하면, 주로 초기에 급증한 정치적인 항의가 우익적인 모습을 띠었다는 것은 결코 놀라운 일이 아니다. 수많은 사람이 [2008년의] 붕괴를 초래했던 경제 세력을 지배한 기성 정치권에 등을 돌렸고, 붕괴를 야기한 자들 그리고 그 붕괴로 인해 희생됐던 모든 사람에게 가혹한 긴축을 부과한 자들로부터 벗어났다. 주요 사회주의 정당들이 지배적인 신자유주의를 수용했기 때문에 사회주의자에게 투표하는 것은 대부분 실패했다.

그런데 어떤 사람들은 다른 사람들이 같은 실수를 반복하는 바로 그 순간에 그들이 한 실수를 알아챘다. 자본주의 시스템에 실망한 자들은 단지 기성 정치권을 몰아내는 것보다는 더 나은 답을 찾으려 하고 결국에는 찾아낸다. 현대 사회 및 정치경제에서 무엇이 그렇게 잘못되었는지를 더 깊이 있고 더 비판적으로 분석하길 바라기 때문에 그들은 감히… 시스템 변화에 대해 묻는다.

따라서 그들은 맑스주의 전통에서 유래한 자본주의 비판의 길을 찾아내고 그것이 제공할 수 있는 모든 것을 발견한다. 그 모든 것은 너무 오랫동안 정치, 학술, 미디어 담론에서 금지되어왔다.

맑스주의와 그것이 시사하는 사회 변화를 쉽게 이해할 수 있게 해주는 입문서에 대한 요구가 증가하고 있다. 이 에세이는 그러한 관심에 대한 응답이다. 현대 자본주의의 결함과 실패 ― 좋은 것[재화](goods)은 주로 1%에게 전달되고, 나머지는 터무니없는 불평등, 불안에 시달리고 지독히 반동적인 정치 지도자들에게 속는다 ― 가 드러난 지금 이 에세이는 진정한 해결책을 위한 기초를 제공하고자 한다.

맑스주의는 항상 그림자처럼 자본주의를 따라다니는 자본주의 비판자였다. 맑스주의와 자본주의의 상호

작용은 그들 모두를 변화시켰다. 자본주의가 그 자신의 무절제로 인해 흔들리고 쇠퇴에 직면함에 따라 맑스주의는 지금 다시 한번 주목받고 있다. 이 에세이가 우리 시대 맑스주의의 부활을 도울 수 있기를 바란다.

"지금까지의 모든 사회의 역사는
계급투쟁의 역사이다."

1장

우리가 지금 이 에세이를 내놓는 이유는 자본주의 경제 시스템에 대한 맑스의 비판이 오늘날에도 그 힘과 유용성을 갖고 있기 때문이다. 자본주의는 맑스의 시대 이래로 점점 퍼져나가 오늘날 전지구적 시스템이 되었다. 그동안 자본주의는 많은 면에서 변했다. 하지만 자본주의의 핵심은 노예제와 봉건제 그리고 인류 역사의 그 밖의 다른 시스템과는 독특하게 다른 특수한 종류의 경제 시스템으로 여전히 남아 있다. 재화와 용역을 생산하고 분배하는 자본주의의 방식은 맑스가 그렇게도 격렬하게 비판한 기본 구조, 동학, 결함, 불의(不義)를 계속해서 유지하고 있다.

우리는 왜 맑스와 같은 위대한 사회 비판가에게 관심을 가져야 하는가? 비판가는 어떠한 사회에 대해서도 그 사회를 숭배하는 자와는 다르게 바라보고 이해한다. 무엇인가를 이해하기 위해 현명한 사람들은 사회를 직접적으로 고려할 뿐만 아니라 다른 사람들이 사회를 어떻게 바라보고 이해하는지도 고려한다. 그러므로 그들은 (1) 사회를 마음에 들어 하는 사람들이 믿는 것뿐만 아니라 (2) 사회를 마음에 들어 하지 않는 사람들이 믿는 것도 고려한다. 그러한 모든 고려 속에서 사려 깊은 결론이 도출된다.

일례로 길 위에서 살아가는 가족(엄마와 아빠 그리고 두 자녀)을 이해하고 싶어한다고 상상해보자. 한 아이는 길 위에서 살아가는 가족을 세상에서 가장 좋은 가족으로 생각하고, 다른 아이는 그 가족을 정신장애를 가진 무능력자들로 생각한다고 가정해보자. 그 가족을 연구하기 위해 오직 한 아이에게 말을 거는 것은 이상할 것이다. 우리가 기본적으로 정직하다면 우리는 두 아이 모두와 대화하고 두 아이 모두에게 질문하며 그들 각자의 말을 들어보고, 부모와 가족을 함께 면담하고 관찰해야 할 것이다. 그런 다음 우리는 그 모든 것에 근거해 저 가족에 대한 우리 자신의 결론을 도출하고 최선의 판단을 내린다.

자본주의를 이해하는 것도 마찬가지다. 자본주의를 이해하는 것은 우리가 자본주의 시스템을 직접적으로 고려할 뿐 아니라 자본주의 숭배자나 찬양자의 평가와 자본주의 비판가의 평가도 고려할 것을 요구한다.

이러한 과정은 더 큰 사회적 맥락에서 자본주의의 비판가와 찬양자가 극도로 양분되어 대립할 때 더욱 어려워진다.

우리 모두는 맑스와 맑스주의, 사회주의, 공산주의와 같은 말들이 오랫동안 많은 사람에게 겁주는 말들이었다는 것을 인정해야 한다. 미국에서는 냉전이 발발

하기 전에도 자본주의 옹호자와 숭배자가 자본주의 비판가를 위험하고 불충하며 이질적인 것 그리고/또는 반미적이고 반기독교적인 것 등으로 종종 악마화했다. 1945년 이래로 미국인들은 사회주의, 공산주의, 맑스주의, 소련 등을 공포심과 불안감 그리고 증오심을 갖고 보게끔 광범위하게 교육받거나 장려받거나 압력을 받았다. 그러므로 대다수 미국인은 칼 맑스의 저작을 거의 또는 전혀 거들떠보지 않았다.

모든 수준[단계]에서 교사들은 맑스의 저작을 무시하거나 그것을 경멸하듯 간단히 다루었다. 기업주, 언론인, 교수는 그러한 교사들한테 배웠고 (아니 오히려 배우지 않았고) 그들은 맑스 및 맑스주의에 대한 교사들의 무시와 경멸을 되풀이했다. 2008년 최근의 자본주의 붕괴는 많은 사람에게 충격을 주었고 자본주의가 항상 그랬던 것과 똑같은 낡고 불안정한 경제 시스템으로 남아 있다는 것을 깨닫게 했다. 게다가 미국 자본주의가 극단적인 불평등으로 흐르자 "자본주의는 재화를 전달한다"는 널리 알려진 주장이 약화되었거나 적어도 자본주의는 나머지 99%에게보다는 1%에게 더 많은 것을 전달했다는 것이 드러났다. 그리하여 지난 몇 년 동안 자본주의를 향한 비판적 태도가 전지구적으로 부활했다. 그러한 비판적인 태도는 자본주의 비판가들이 시스템상의 대안으로 말하고 제안해야 하는 것을 연구하는 것에 대한 새로워진 관심으로 빠르게 진화했다. 이 에세이는 그러한 비판적인 태도의 부활을 반영하고 그런 것에 기여하고자 한다.

지난 200년 동안 자본주의에 대한 가장 중요한 비판가는 칼 맑스와 맑스의 저작에 깊은 영향을 받은 다양한 경향이었다. 바꿔 말해 맑스주의는 자본주의를 비판하는 사상과 실천의 가장 중요한 전통이었다. 그것은 맑스의 비판적 통찰을 이용해 사회를 자본주의 너머로 움직이고자 노력했고 노력하는 전 세계의 여러 세대에 걸쳐 축적된 생각과 경험을 나타낸다. 애덤 스미스, 데이비드 리카도, 존 메이너드 케인스가 자본주의를 찬양하는 사람들의 편에서 중요한 만큼 맑스와 맑스주의는 자본주의를 비판하는 사람들의 편에서 중요하다.

"물질적인 생활의 생산방식이
사회적, 정치적, 정신적 생활 과정 전반을
좌우한다."

2장

19세기 중반 유럽에서 성장한 청년 칼 맑스가 자본주의 비판가가 된 이유는 무엇일까? 그 답은 부분적으로는 18세기 후반 미국혁명과 프랑스혁명에 있다. 맑스는 특히 미국혁명과 프랑스혁명의 핵심적인 요구, 즉 프랑스에서의 자유·평등·박애 그리고 미국에서의 민주주의를 받아들였다. 그는 그러한 요구가 근대 사회에서 실현되길 바랐다. 그는 프랑스와 미국의 혁명가들이 주창한 자본주의가 봉건제와 노예제 그리고 인류 역사의 이전에 있던 다른 시스템보다도 더 나은 시스템이라고 믿었다. 그는 또한 — 그의 시대의 다른 많은 젊은이처럼 — 자본주의가 프랑스와 미국의 혁명가들이 약속한 자유·평등·박애·민주주의를 가져올 것이라고 믿었다.

그러나 맑스가 성년에 이른 때와 프랑스혁명 및 미국혁명을 가르는 대략 75년은 그에게 매우 도전적인 모순을 보여주었다. 그 혁명들은 자본주의를 수립하는 데 성공했다. 자본주의는 서유럽에서 그의 주위를 약동하며 성장하고 있었다. 사라진 것 혹은 사라지고 있는 것은 주인과 노예, 영주와 농노의 낡은 경제 시스템이었다. 고용주와 피고용인의 새로운 자본주의 시스템에서는 상대적으로 "자유로운" 남성과 여성이 주인과 노예, 영주와 농노의 자리를 대신했다. 그러나 맑스가 보고 살던 자본주의는 자유·평등·박애 또는 진정한 민주주의를 확립하지 못했다. 더욱이 그것은 그러한 방향으로 움직일 기미(幾微)를 거의 보여주지 않았다.

그 대신 칼 맑스가 그의 시대의 유럽을 둘러봤을 때 그는 예컨대 찰스 디킨스(혹은 에밀 졸라, 막심 고리키,

잭 런던)의 소설에 나타난 것을 아주 많이 보았다. 그는 부유하고 잘 교육받고 읽고 쓸 줄 알며 안락하게 살아가는 인구의 상대적으로 적은 일부와 고통받고 있는, 즉 가난하고 교육받지 못하고 보통은 읽고 쓸 줄 모르는 다수의 농업, 산업, 서비스 노동자 사이의 엄청난 격차를 발견했다. 맑스는 그가 존경한 그렇게도 많은 사람으로 하여금 필요할 경우 유혈혁명을 통해서라도 봉건제, 노예제 등을 종식시키는 데 동조하게 만든 약속을 자본주의가 저버렸다고 느꼈다. 자본주의는 자유·평등·박애·민주주의를 전하는 데 실패했다.

그래서 그는 그 자신의 목표를 세웠다. "무슨 일이 일어났는가?"가 그에게는 중요한 질문이었다. 자본주의는 왜 약속을 지키지 않았는가? 자본주의는 노력을 했는데 실패했는가? 만일 그렇다면, 왜일까? 맑스가 착수했고 그와 그의 가장 가까운 동료들이 수행한 연구가 그의 공헌, 즉 자본주의에 대한 그의 비판적 이해를 구성한다.

그는 자본주의가 자유·평등·박애·민주주의를 실현하지 못한 것은 자본주의 자체의 구조 및 사회적 효과 자체가 그러한 고귀한 목표를 실현하는 데 장애물이 되기 때문임을 알아냈다. 이를 알아내자 맑스는 그러한 목표[자유·평등·박애·민주주의]를 그 자신의 목표로 삼았다.

맑스는 마침내 자유·평등·박애·민주주의 달성을 향한 참된 진보는 자본주의로부터 이른바 사회주의로의 경제 시스템의 변화를 필요로 한다는 결론을 내렸다.

이러한 결론을 이끌어낸 연구는 매우 역사적이었다. 자본주의 이전의 경제 시스템의 역사가 맑스에게 결정적인 실마리를 제공했다. 맑스가 주목한 두 경제 시스템은 노예제와 봉건제였다.

노예경제 시스템은 재화와 용역의 생산 및 분배에 관여하는 인간을 주인과 노예 두 집단으로 나눈다. 부, 권력, 문화적 지배는 오로지 주인의 수중에 있다. 노예는 주인의 소유물[재산]이다. 일반적으로 노예는 생산과 분배 노동을 하는 반면 주인은 주로 노예를 감독한다. 과거의 노예사회는 주인에 의해 형성되고 통치되며 운영되었고 주인은 장기간에 걸쳐 [노예] 시스템을 재생산했다. 주인은 계속 주인이길 원했고 그 자녀는 차례로 주인이 되었다. 만일 당신이 노예로 그 사회에서 태어났다면, 당신은 거의 언제나 노예이고 당신의 자녀도 노예일 것이다. 노예는 주인과의 관계에서 자유·평등·박애·민주주의를 거의 나누어 갖지 못했다.

봉건경제 시스템에서는 주인과 노예의 자리는 사라지고 그 자리를 영주와 농노가 대신한다. 유럽의 봉건제에서 영주는 주인이 노예와의 관계에서 했던 것과 거의 비슷하게 일하는 농노를 감독하고 지배했다. 그러나 농노는 노예처럼 재산은 아니었지만 노예의 경우와 마찬가지로 부모가 차지한 사회적 지위에서 태어났다.

자본주의는 경제 시스템으로서의 노예제 및 봉건제와 비교해 다르면서도 유사했다. 자본주의를 확립하기 위해 이전 시스템을 전복한 혁명가들은 노예와 농노를 그들의 종속적인 지위로부터 해방하고 모두가 자유롭고 평등하다고 선언하는 것을 일반적으로 주장했기 때문에 자본주의는 [노예제 및 봉건제와] 달랐다. 어느 누구도 노예와 같은 혹은 농노와 같은 예속 상태에 묶어둘 수 없었다. 따라서 노예와 농노는 그러한 예속 상태로부터의 자유를 누릴 수 있었다.

마지막으로 자본주의 옹호자와 주창자는 정치에 있어서의 1인 1표를 대부분의 성인 인구로까지 확대하는 정치 민주화를 일반적으로 지지했다.

하지만 자본주의는 중심적이고 결정적인 차원에서 노예제 및 봉건제와 유사했다. 맑스는 "착취"에 대한 설명의 일환으로 일찍이 『자본』 1권에서 이러한 중심점을 규명한다. 노예제에서 노예는 완전히 ― 100% ― 주인의 직접적인 재산이 되는 재화와 용역을 생산한다(노예도 마찬가지로 재산이다). 주인은 노예의 산출물(output)을 노예의 재생산(의식주 등)을 위해 노예에게 언제, 어떻게, 얼마나 돌려줄지를 결정한다. 이러한 결과는 노예의 노동일[노동시간]을 두 부분으로 나눔으로써 나타낼 수 있다. 즉 하나는 노예의 소비를 위해 노예에게 돌아가는 생산물 부분이다. 맑스는 이것을 노예의 "필요노동"이라고 했다. 노예 노동의 두 번째 부분은 주인이 차지하고 사용하는 생산물을 산출한다. 맑스는 이것을 "잉여노동"이라고 했다. 그것은 주인이 노예에게 허용한 재생산 ― 그것이 어떤 수준이든 ― 을 위해 필요한 것 이상으로 노예가 행한 노동이었다.

같은 종류의 추론이 봉건제에도 적용된다. 봉건제에서 농노는 토지를 할당받고 노동시간의 일부를 할당받은 토지를 경작하는 데 사용한다. 단 그 토지에서 그 시간 동안의 생산물은 농노가 그/그녀의 가족의 소비를 위해 가져간다는 조건으로 말이다. 농노의 노동시간의 다른 부분은 영주의 영지(領地)를 경작하는 데 할당되며 그 부분의 생산물은 영주가 가져간다. 그때 필요노동은 농노가 그/그녀에게 할당된 토지에서 하는 일인 반면 잉여노동은 농노의 총노동시간 가운데 영주의 영지에 배치된 부분이다. 맑스는 노예와 농노를 "착취당하는" 노동자라고 했다. 왜냐하면 (어느 정도까지) 그들 노동의 일부와 그 생산물이 그들 스스로가 아니라 다른 사람에 의해 전유되기 때문이었다.

그때 맑스의 주장은 정곡을 찌른다. 즉 (1) 자본주의 역시 재화와 용역을 생산하고 분배하는 것에 참여하는 자들을 두 집단(고용주와 피고용인)으로 나누고, (2) 자본주의 역시 노동자의 노동일을 필요 부분과 잉여 부분으로 나누기 때문에 자본주의는 노예제 및 봉건제와 여전히 똑같다.

노예제, 봉건제, 자본주의 사이의 다른 점은 단지 이러한 분할(divisions)의 형태일 뿐이다. 분할 자체는 대체로 똑같다. 자본주의에서 피고용인은 이를테면 일주일 동안 일하고 금요일 오후에 보수를 받는 것에 동의한다. 일주일 동안 피고용인의 노동은 주말에 고용주가 판매하는 총생산물에 기여한다. 판매된 총생산물의 수입은 총생산물을 생산하는 데 사용된 투입물의 비용과 동일한 한 부분을 포함하고, 그 부분은 보통 그렇게 사용된 투입물을 대체하는 데 사용된다. 고용주의 수입의 나머지 부분은 [다시] 두 부분으로 나누어진다. 한 부분은 피고용인에게 임금으로 지급되며 다른 부분은 고용주가 그의 소비나 사용을 위해 보유한다. 임금은 노동자의 필요노동시간의 생산물이고, 고용주가 보유하는 수입은 노동자의 잉여노동시간의 생산물이다. 자본주의의 "자유로운" 노동자 ─ 임금을 대가로 그/그녀의 노동력을 파는 사람 ─

는 흡사 노예와 농노의 "자유 없는" 노동처럼 착취당한다.

맑스는 자본주의는 소수가 다수를 지배하는 그러한 경제모델을 결코 넘어선 적이 없다고 말했다. 자본주의는 단지 주인/노예 그리고 영주/농노 이분법을 새로운 이분법으로 대체했다. 지배하고 착취하는 소수는 여전히 거기에 그대로 있지만 그들은 고용주라는 새로운 이름을 갖게 되었다.

지배받고 착취당하는 다수는 여전히 거기에 그대로 있지만 그들의 새로운 이름은 피고용인이었다. 노예제와 봉건제에서 그랬듯이 자본주의의 지배적인 소수는 지배적인 사회적 역할을 수행했고 수행한다. 고용주는 정치인과 사회발전의 방향을 통제한다. 그들은 일터에서 모든 중요한 결정을 내린다. 그들은 [모든 것을] 좌지우지한다. 인민대중은 종속된다.

맑스는 자본주의가 자유·평등·박애·민주주의 실현

에 실패한 핵심적인 이유 중 하나가 자본주의 기업의 내부 조직에 있다는 것을 보여주었다. 거기에서는 최고위층의 소수의 사람들(주요 소유주들과 최고 경영진들)이 무엇을, 어떻게, 어디에서 생산할지와 피고용인들의 잉여노동의 결과물로 무엇을 할 것인지에 대한 모든 중요한 결정을 내린다. 피고용인들은 그러한 결정에서 일정하게 배제되지만 그들은 그러한 결정의 결과를 감수해야 한다.

그것은 민주주의가 아니다. 그것은 민주주의의 반대이다.

맑스는 1883년에 죽었다. 그로부터 135년[지은이가 이 책을 쓴 2018년 기준] 동안 그의 생각은 지구상의 모든 나라로 퍼져나갔다. 경제적·정치적·문화적 조건이 매우 다른 사람들은 맑스와 후대의 맑스주의자들이 쓰고 말하고 행동한 것에서 엄청난 의미를 찾았다. 지구상의 모든 나라에는 맑스주의 조직, 맑스주의 노동조합, 맑스주의 신문, 맑스주의 협회, 맑스주의 정당

등이 있다. 그들 모두는 맑스주의에서 의미를 찾았고 지금도 그렇다.

"인간은 문자 그대로의 의미에서 정치적 동물, 즉 군거 동물일 뿐만 아니라 사회 속에서만 개별화될 수 있는 동물이다."

3장

맑스가 공헌한 주요 분야는 경제학이었다. 그는 비교적 소수의 사람들이 교육을 받거나 글을 읽고 쓸 줄 알았던 그의 시대에 폭넓게 교육받은 유럽 지식인이었다. 정식으로 철학 훈련을 받은 그는 직장생활을 언론인으로 시작했다. 하지만 그를 둘러싼 세계에 대한 관심 때문에 그는 오늘날 우리가 경제학자라고 부르는 사람이 되기 위해 빠르게 움직였다. 여기서 우리는 경제 연구의 핵심을 담은 그의 매혹적인 노작(勞作)을 살펴보기 전에 그것의 핵심적인 결론을 소개할 것이다. 모든 인간 사회에서 우리가 아는 가장 초기 기록부터 현재에 이르기까지 사람들은 맑스가 잉여라고 부른 것을 생산하고 분배한다. 우리는 맑스가 이를 통해 말하고자 한 것을 설명하는 것으로 이야기를 시작할 것이다.

모든 사회에서 인간은 노동으로, 즉 그들의 필요를 충족시키기 위해 자연을 변형함으로써 생존한다고 맑스는 말한다. 그들은 따뜻함을 유지하기 위해 실로 옷을 해 입고, 비나 폭풍우를 피하기 위해 나무로 주거지를 짓고, 땅을 일궈 식량을 만든다. 인간은 노동하는 동안 그들의 두뇌와 근육을 사용해 자연을 인간 사회가 의존하는 유용하고 소비할 수 있는 생산물로 변형한다.

그러나 모든 사람이 노동하는 것은 아니며, 모두가 자연을 변형하기 위해 그들의 두뇌와 근육을 사용하는 것은 아니다. 각 인간 사회에는 크고 작은 노동하지 않는 부류가 항상 있다. 그러한 부류는 노동하는 사회 구성원들이 그들 자신이 소비하는 것보다 더 많이 생산할 때 그리고 그럴 때에만 생존한다. 노동자들 자신이 소비하는 것을 초과하여 생산한 산출물을 맑스는 잉여라고 말한 것이다. 만일 잉여가 그것을 생산한 노동자가 아닌 다른 사람들에게 분배된다면 그 잉여 덕분에 그런 다른 사람들이 사회에서 생존하고 기능을 할 수 있다. 아기들은 아직 일어서지 못하기 때문에 자연을 변형하기 위해 그들의 두뇌와 근육을 사용할 수 없는 그런 다른 사람들의 한 예이다. 만일 아기들이 저 잉여에 의지함으로써 생존할 수 있다면 사회의 일부 구성원이 잉여를 생산해야 한다.

대부분의 사회에서 잉여 생산자들 — 맑스는 그들이 잉여를 생산하기 때문에 그들을 정확하게 **생산적 노동자들**이라고 부른다 — 은 잉여를 아기들뿐만 아니라 그 이상의 사람들에게 분배한다. 어린이, 병자, 노인이 흔히 잉여의 수취자이다. 잉여를 생산할 능력이 있지만 그렇게 하지 않는 사람 역시 마찬가지다. 인간 사회의 일부 구성원들이 생산한 잉여가 자신들에게 분배된 잉여에 의지해 살아가는 구성원들을 부양한다. 우리는 노예사회를 실례로 시작해보겠다. 노예가 노예 농장에서 일할 때 그나 그녀가 생산하는 모든 것은 즉시 자동적으로 주인에게 귀속된다. 일반적으로 주인은 노예의 잉여 일부를 (의식주 등의 형태로) 노예에게 돌려준다. 그 목적은 노예가 내일 다시 일할 수 있도록 하기 위해서이다. 주인은 노예의 산출물의 다른 부분을 사용해 노예가 노동하는 동안 다 써버린 도구, 설비, 원재료를 보충한다.

노예가 생산하는 것의 나머지는 노예의 잉여이다. 노예의 산출물의 다른 모든 부분과 마찬가지로 노예의 잉여는 주인에게 귀속된다. 주인은 그 잉여를 차지하고 그것을 주인의 소비에, 주인의 개인 하인과 가신, 그리고 주인이 지원할 필요가 있다고 생각하는 사회활동을 하는 모든 사람에게 돈을 대는 데 사용한다. 주인은 주인이 관장하는 노예 시스템을 재생산하는 데 도움이 되기 때문에 노예 잉여의 일부를 그러한 활동을 지원하는 데 사용한다. 이를테면 주인은 달아난 노예를 잡아 오는 산적 일당에게 돈을 지불(노예 잉여의 몫을 분배)할 수 있다.

주인이 자신들에게 분배하는 노예 잉여의 몫에 의지해 살아가는 사람들은 그들의 두뇌와 근육을 사용하여 노동에 종사할 수도 있다. 그러나 그들은 스스로 잉여를 생산하지 않는다. 그렇기 때문에 맑스가 보기에 그들은 비생산적 노동자들이다. 사회 비판가이자 사회이론가인 맑스는 항상 잉여를 생산하는 그러한 노동자들과 타인들로부터 분배받은 잉여에 의지해 살아가는 사람들 사이의 차이를 강조하고 싶어 한다. 그는 그 차이가 기존 시스템에 대한, 그 시스템을 넘어서는 기획 등에 대한 두 노동자 집단의 서로 다른 태도에 온갖 종류의 중요한 함의를 갖는 것으로 이해한다. 또한 그는 생산적 노동자와 비생산적 노동자의 차이를 강조하여 그들이 공통적으로 가지고 있는 것 [그들의 공통점] — 예를 들어 그들 모두 노예일 수 있다 — 이 그들의 차이를 모호하게 만들지 않게 한다.

왜냐하면 그것은 모든 노예를 하나의 강력한 사회 세력으로 통일하려는 어떤 정치적 기획에도 극히 중요한 문제이기 때문이다.

주인은 잉여에 의지해 살아간다. 주인은 목화밭을 돌보지 않고, 과일과 채소를 재배하지 않고, 치즈, 버터나 고기를 만들지 않는다. 생산적 노예들이 그 모든 것을 한다. 그들은 그들 자신이 입는 데 필요한 목화보다 더 많은 목화를 생산하고 그들 자신에게 필요한 음식과 옷보다 더 많은 음식과 옷을 생산한다. 그리고 "더 많은" 것 모두 — 현물로 또는 판매되는 경우 돈으로 — 주인에게 전달된다. 주인은 그것을 사용해 이런 사회를 계속 유지시킨다. 주인은 맨 위에 앉아 있고, 주인은 권력을 가지고 있고, 주인은 노예의 잉여에 의해 살아간다.

거의 똑같은 논리가 맑스의 봉건제 분석에서도 나타난다. 거기에서 생산적 노동자들은 농노들이고 그들이 생산하는 잉여는 영주에게 전달된다. 유럽에서 봉건제적인 잉여에 붙여진 이름은 "지대"였다. 영주들은 그들이 착취한 농노들로부터 얻는 지대에 의지해 살았다. 그들은 흔히 하인들 등을 부양하는 데 그러한 지대를 사용했고, 따라서 하인들 등은 봉건제의 비생산적 노동자로서 봉건제적인 잉여에 의지해 살았다.

우리는 자본주의에서 노예 경제 시스템 및 봉건 경제 시스템 안에서 발견된 것과 동일한 기본적인 착취를 발견한다는 맑스의 요점으로 이제 가보자. 착취는 고용주-피고용인 시스템이라는 형식 속에 그리고 [그러한] 형식에 의해 위장된다[감춰진다]. 『자본』 1권에서 맑스는 그러한 위장(disguise)을 간파하고 고용주와 피고용인 사이의 관계가 특히 잉여를 생산하고 분배하는 자본주의적 형식을 어떻게 포함하는지 보여준다.

당신 자신을 사다리를 만드는 기업의 고용주와 취업에 대해 논의하는 구직자라고 상상해보라. 당신은 일자리의 다른 세부 사항을 살펴본 후 임금 문제에 이르러 월요일부터 금요일까지 [매일] 9시에서 5시까지의 근무에 대해 시간당 20달러에 합의한다. 고용주는 — 고용된 다른 모든 생산적 노동자와 마찬가지로 — 당신을 고용함으로써 기업의 사다리 산출물[제품]의 질이 높아지고 생산량이 늘어나 판매 수입도 더 많아질 것으로 믿는다.

그러고 나서 맑스는 대다수 노동자가 적어도 본능적으로 직감하는 것을 설명한다. 고용주는 시간당 **20달러 이상**의 판매 수입이 발생하더라도 생산적 노동자에게 시간당 20달러를 지급할 것이다. 그 **이상** 속에 자본주의적 형태의 잉여가 있다고 맑스는 우리에게 말한다.

개별 노동자의 노동시간에 따른 (생산 중에 다 써버린 도구, 설비, 원재료의 가치에 대한) 부가가치는 해당 시간의 노동에 대해 노동자에게 지급된 가치를 초과한다. 부가가치와 지급된 임금 사이의 차이는 자본주의 기업에서 노동자가 생산한 잉여이다. 고용주는 기업의 산출물이 판매될 때 얻은 수입 내에서 잉여를 차지한다. 고용주는 그 수입을 세 부분으로 나눈다. 한 부분은 기업의 산출물을 생산하는 데 소모된 도구, 설비, 원재료를 대체/보충하기 위해 사용한다. 다른 부분은 고용된 노동자에게 임금으로 지급된다. 그리고 세 번째는 고용하는 자본가가 보유하고 전유하는 잉여를 구성한다.

노예와 농노의 생산적 노동과 마찬가지로 피고용인의 생산적 노동도 착취당한다. 즉 그들 모두는 다른 사람을 위한 잉여를 생산한다. 오직 자본주의적 잉여의 그리고 자본주의적 착취 관계의 형식만이 잉여를 노예제 및 봉건제에서 그것과 유사한 것과 구별 짓는다.

자본주의의 생산의 핵심에서, 즉 고용주와 피고용인의 관계에서 후자는 전자가 전유하는 잉여를 생산한다. 맑스는 자본주의가 자신이 약속한 자유·평등·박애·민주주의라는 결과를 달성하는 것을 가로막은 핵심적인 장애물을 이러한 착취에서 찾아낸다. 노예제와 봉건제에 자유·평등·박애·민주주의가 없는 것은 또한 노예제와 봉건제의 생산의 핵심에 놓인 착취 관계에서 비롯되었다. 맑스는 어떤 사회에서든 자유·평등·박애·민주주의를 달성하기 위해서는 모든 착취적인 생산관계가 배제되어야 한다고 결론짓는다.

왜냐하면 소수가 다수가 생산한 잉여를 전유하고 분배하는 것은 프랑스혁명과 미국혁명이 주창하고 이후 줄곧 어디서나 말뿐인 진보적인 사회 목표와 모순되고 이를 훼손하기 때문이다.

맑스주의 글들은 종종 "임금노예"에 대해 언급한다. 그것은 단지 무심코 한 말이 아니었다. 그것은 임금 소득자의 조건을 노예의 조건과 연결시킨다. 맑스의 잉여론의 렌즈를 통해 임금 소득자의 자유를 보면 그 자유가 환상에 불과하다는 것이 드러난다. 자본주의에서 대다수 노동자는 고용주를 위해 잉여를 생산하는 임금-소득자이거나 아니면 고용주에게 봉사하면서 다른 생산적 노동자의 잉여를 분배받아 살아가는 임금-소득자에 갇혀 있다. 자유는 [자본주의] 시스템을 바꿀 것을 요구한다. 왜냐하면 그렇지 않으면 당신은 영원히 그것에 갇히게 되기 때문이다.

맑스는 착취적인 사회는 일반적으로 그 착취를 유지하기 위해 잉여를 사용한다고 주장한다. 주인은 노예제를 유지하기 위해 노예로부터 빼앗은 잉여를 사용하고, 영주는 봉건제를 유지하기 위해 농노의 잉여를 사용한다. 이와 마찬가지로 자본가들은 자본주의의 사회관계, 즉 고용주와 피고용인의 사회를 재생산하기 위해 생산적 노동자들로부터 전유된 잉여를 사용한다. 이것은 자본가들 — 그리고 그들의 위임을 받은 대표자들(representatives) — 에게 경제뿐만 아니라 정치와 문화에서도 지배적인 지위를 부여한다는 것을 의미한다.

자본주의에서 — 100년 전 또는 50여 년 전 혹은 바로 지금 — 사회적으로 지배하는 자는 고용주 계급이다. 맑스의 공헌은 이러한 지배를 확고히 하는 근본적인 메커니즘을 생산에서 찾아낸 것이었다.

맑스는 잉여와 착취에 대한 논의에서 그 자신만의 독특한 계급 개념, 즉 전통적인 것, 맑스 이전의 생각과는 상이한 하나의 개념을 개발했다. 맑스 이전에 (실제로 수천 년 동안) 많은 사람은 그들이 얼마나 많은 부(富)를 소유하고 있는지 혹은 그들이 다른 사람에게 얼마나 많은 권력을 휘두르는지에 따라 인구를 하위-집단들로 분류했다. 부에 초점을 맞춘 자는 재산이 있는 사람과 없는 사람, 부자와 가난한 자, 그리고 물론 중간계급과 그 위아래 계급을 구분했다. 권력에 초점을 맞춘 자는 지배자와 피지배자, 권력을 가진 자와 권력을 갖지 못한 자 등을 구별했다. 이 모든 사람에게 계급은 그들 사이의 재산이나 권력의 분배에 따라 사람들을 구분하고 설명하는 범주였다. 맑스는 그의 사회 비판을 정교하게 다듬는 과정에서 그러한 오래된 계급 개념(범주, 정의)을 이용했다. 이에 그는 그에 앞서 같은 일을 했던 그리고 그와 함께 같은 일을 하고 있는 많은 사람을 따라갔다.

하지만 그러한 사람들과 달리 맑스는 또 다른, 색다른 계급 개념, 즉 그의 잉여 분석에 기반한 계급 개념을 발명하고 사용했다. 거기에는 잉여 생산자 계급과 잉여 전유자 계급 그리고 전유자가 분배하는 잉여의 일부를 수취하는 계급이 있었다. 그들 사이의 갈등으로 인해 자유·평등·박애·민주주의에 대해 자본가가 자주 언급하던 약속이 훼손됐다. 달리 말하면 맑스는 부와 권력의 극히 불평등한 분배를 비판한 이전의 사회 비판가들이 왜 그러한 사회적 불의(不義)를 여태껏 극복하지 못했는지를 설명하기 위해 잉여에 기반한 계급 개념을 발명하고 사용했다. 그들은 잉여의 조직화 방식을 변화시키는 것이 부와 권력의 사회적 분배에 있어 불평등을 줄이는 것을 목표로 하는 모든 프로그램에 반드시 수반되는 것임을 이해하지 못했다. 그들은 착취를 끝장내는 것이 왜 자유·평등·박애·민주주의에 대한 사회적 약속을 실현하는 데 필수적인지 이해하지 못했다. 맑스가 주목한 계급 갈등은 (이를테면 맑스의 『자본』 3권에서) 주로 잉여의 생산과 분배에 관한 것이었고 그다음이 재산과 권력의 사회적 분배에 관한 것이었다.

"우리가 사생활에서 어떤 사람이 자신에 관해 생각하고 말하는 것을 있는 그대로의 그와 구별하고 그가 실제로 행하는 것과 구별하듯이 역사상의 투쟁들에서는 더욱더 각 당파들의 문구와 환상을 그들의 실제 조직이나 그들의 현실적 이해와 구별해야 하고 또 그들의 관념을 그들의 현실과 구별해야 한다."

4장

근대 자본주의에서 자본주의 기업의 생산물은 상품의 형태를 취한다. 그것은 상품이 중간 과정, 즉 시장 교환을 통해 생산자로부터 소비자에게 전달된다는 것을 의미한다. 자본주의 기업들은 그들의 상품 투입물을 "구매하고" 그들의 노동자들의 노동력을 고용하고(구매하다의 다른 말) 그리고 투입물들과 일하는 노동자들을 결합하여 생산된 상품 산출물을 판매한다. 자본주의의 뚜렷한 표지(標識)는 일할 수 있는 능력 ― 노동력 ― 자체가 사고파는 상품이 된다는 것이다. 노동력은 노예제와 봉건제 경제 시스템에서 상품이 아니었다.

자본주의 기업들은 수입, 즉 그들의 산출 상품을 판매해 번 돈을 얻는다. 그들의 수입은 투입 물품(생산에 사용된 도구, 설비, 원재료) 구매에 쓴 돈과 노동력 구매에 쓴 돈의 합계를 일반적으로 초과한다. 간단히 말해 수입은 생산 비용을 초과한다. 그 초과분이 잉여다.

맑스의 분석의 한 가지 함의는 고용주 계급은 그들이 고용한 생산적 노동자들에게 지급하는 임금을 항상 낮추려 한다는 것이다. 또한 고용주들은 노동시간 및 작업 속도를 항상 늘리려고 한다는 것이다.

두 가지 압력을 가하는 이유는 자본주의적 착취의 단순 셈법에 있다. 왜냐하면 노동자들에 의해 부가가치가 커질수록 그리고 노동자들에게 임금으로 돌아가는 부분이 작아질수록 자본가가 얻게 되는 잉여가 점점 더 커지기 때문이다.

아래에서 더 논하겠지만 자본가가 잉여 생산 노동자로부터 더 많은 잉여를 얻을수록 자본가는 소비하고,

성장하고, 경쟁하고, 자본가를 최상위에 두는 시스템을 확보할 자금이 많아진다. 생산적 노동자들도 마찬가지로 그들의 생활수준(그리고 그들의 가족의 생활수준)이 대개 그러한 임금에 의존하기 때문에 항상 더 높은 임금을 추구할 것이다.

계급투쟁은 자본주의의 피할 수 없는 결과이다.

지난 3세기에 걸쳐 자본주의는 이 세계에서 지배적인 생산조직화 방식으로 확산되면서 성공적으로 스스로를 재생산했다. 하지만 맑스가 지적했듯이 자본주의의 작동 및 재생산은 빈곤을 생산하는 것만큼이나 부를 생산하는 데에도 "효율적"이었다. 빈곤은 결코 뿌리뽑히지 않은 자본주의의 지속적인 "문제"로 드러났다.

맑스로서는 빈곤을 뿌리뽑기 위해서는 자본주의가 아닌 다른 경제 시스템으로 바꿔야 할 필요가 있다.

"자본가로서 그는 오로지 인격화된 자본일 뿐이다. 그의 영혼은 자본의 영혼이다. 그런데 자본은 단 하나의 생명 충동, 즉 가치와 잉여가치를 창출하고, 자신의 불변 부분인 생산수단이 가능한 한 최대의 잉여노동을 흡수하게 만드는 경향을 갖고 있다."

5장

우리는 다음으로 자본주의적 잉여의 분배를 살펴본다. 그 분배는 자본주의의 잉여의 조직화가 그것이 존재하는 (그리고 특히 그것이 우세한) 사회의 다른 많은 측면에 얼마나 깊은 영향을 미치는지 보여준다. 자본가들은 그들이 전유하는 잉여의 상당 부분을 그들의 소비를 위해 그들 자신에게 분배한다. 그들은 개인적 만족을 위해 그리고 (집, 옷, 차량 등에 있어서) 임금 소득자와 그들의 차이를 강조하기 위해 그렇게 한다. 그 때 소비 수준의 차이 — 자본주의에 의해 생산되고 유지되는 불평등의 결과 — 는 이데올로기적으로 일부 사람을 잉여 전유자로 만들고 그 밖의 다른 사람들을 잉여 생산자로 만드는 개인의 타고난 속성의 표지로 변환될 수 있다. 이전 사회들이 노예제와 봉건제에서 비롯된 불평등을 오히려 자연이나 신이 야기한 문제로 여겼듯이 자본주의에서는 강력한 이데올로기적인 경향이 타고난 개인의 가변성("인간 본성")을 불평등의 원인으로 삼는다. 자연 및 신처럼 그것[인간 본성] 역시 그저 한 인간에 의해 바뀔 수 없다. 사회에 의해 만들어지고 변화되는 일시적인 사회적 관습은 오히려 고정되고 굳어져서 움직이지 않게 된다. 사회를 지배하는 사람들은 그들의 위치가 영구적이라고 믿어야 하고 다른 사람들도 그렇게 믿게 만들어야 한다.

자본가들은 잉여를 생산하는 데 필요한 작업들을 수행하기 위해 모든 종류의 관리자와 감독자에게 그들이 전유하는 잉여의 다른 부분을 분배하는 것이 또한 중요하다. 그러한 작업들은 그 자체로 잉여를 생산하지 않지만 그것들은 다른 사람들이 잉여를 생산하는 데 결정적이다. 이러한 구별은 중요하다. 근대 자본주의 기업의 인사 관리자는 원재료를 판매용 상품으로 변형하기 위해 기계를 가지고 일하지 않는다. 그러한 관리자는 생산적 노동자들을 통제하고 조종하지만 그들 중 하나는 아니다. 그러한 관리자가 사용하는 급여와 장비는 자본가에게는 잉여의 분배로 지출된 비용이다. 맑스가 아주 명확히 밝히듯 자본주의에서 자본가는 잉여를 계속해서 얻기 위해 잉여의 많은 부분을 다른 사람들에게 분배해야 한다. 인사 관리자가 없다면 잉여를 생산하는 노동자는 잉여를 덜 생산하거나 전혀 생산하지 않을 수도 있다.

이러한 경우 관리자는 비생산적 노동자이다. 그의 노동은 다른 생산적 노동자들에 의한 잉여 생산에 필수적인 존재 조건을 제공한다. 후자는 잉여노동의 수행자들이며 관리자는 그들의 생산적 노동의 조력자이다. 자본주의는 스스로를 재생산하기 위해 수행자와 조력자, 생산적 노동자와 비생산적 노동자를 필요로 하지만 그것이 그들의 차이가 중요하지 않다는 것을 의미하는 것은 아니다. 그와는 정반대로 모든 착취적인 경제 시스템에서 서로 다른 두 종류의 노동자는 시스템을 지지하거나 전복하는 데 있어, 서로 정치적 동맹을 추구하거나 그렇지 않으면 잉여 전유자와 정치적 동맹을 추구하는 데 있어 다양한 역할을 해왔다. 이를테면 노예제에서 농장 노예와 가사 노예는 다양한 관계를 보였다. 농업에 배속된 농노 대 수공업에 배속된 농노도 마찬가지였다. 자본주의는 블루칼라 피고용인과 화이트칼라 피고용인으로 이루어진다. 맑스의 잉여론 — 그리고 그것에 기반한 계급 분석 — 이 이러한 차이가 지닌 더 깊고 체계적인 중요성을 파악한 것은 그의 공적이었다.

자본가들은 다른 목적을 위해 또 다른 종류의 수취자에게 잉여를 분배한다. 이를테면 자본가들은 더 많은 혹은 더 좋은 기계, 도구, 설비 등의 구매와 설치를 담당하는 관리자에게 잉여를 자금으로 분배한다. 그들의 목표는 생산 규모를 늘리거나 노동력을 대체하는 것(자동화) 혹은 둘 다일 수 있다. 그와 같은 잉여의 분배를 추동하는 것은 자본가들 사이의 경쟁이다. 각 자본가는 경쟁자들이 더 낮은 비용으로 더 많은 제품을 생산할 수 있는 기계나 기타 투입물을 취득하는 것을 두려워한다. 각 자본가는 그러한 취득자가 되기를 바란다. 비슷한 동기로 자본가들은 생산 시설을 저임금 지역으로 이전하는 데 혹은 저임금으로도 일할 의사가 있는 다른 곳의 노동자(바꿔 말하면 이주자 및 외주 노동자)를 모집하는 데 들어가는 비용을 충당하기 위해 잉여 분배금을 배정할 수 있다.

자본가들은 잉여의 분배가 필요해 보이는 그 밖의 모든 존재 조건에 자금을 대기 위해 그들이 전유하는 잉여 중 일부를 분배한다.

예를 들어 도둑질로 위협받는 생산 현장의 경우 잉여가 경비원의 비생산적 노동에 대한 임금으로 지급될 수도 있다. 생산적 노동자가 알코올과 관련된 문제를 보이는 경우 자본가는 그런 문제를 해결하는 데 도움을 줄 인사 관리자나 상담사의 비생산적 노동력을 쓸 수 있다. 만일 소송이 손해를 입을 우려가 있다면 자본가는 잉여를 사용해 변호사를 고용할 것이다. 또한 잉여의 일부는 연방정부, 주정부, 그리고/또는 지방정부 세금, 주주 배당금, 대출기관 이자 등으로 나가야 한다.

맑스에게 있어서 자본가는 복잡한 시스템의 중심에서 기능한다. 한편 자본가는 고용된 생산적 노동자로부터 될 수 있는 한 최대의 잉여를 전유하려고 애쓴다. 다른 한편 동일한 자본가는 자본주의 기업의 존재조건을 제공하는 다양한 수취자(조력자, 비생산적 노동자)에게 전유된 잉여의 서로 다른 부분을 분배할 최선의 방법을 추측해야 한다.

맑스가 강조했듯이 자본주의가 불균등하게 발전하는 것은 놀라운 일이 아니다. 경쟁하는 각 자본가는 현재와 미래의 현실에 대한 추측을 중심으로 결정하고 기능한다. 각각의 상황과 이러한 상황을 평가하고 이해하는 방법이 다르기 때문에 각 자본가들은 서로 다르게 추측한다. 어떤 자본가는 성공하고 다른 자본가는 실패하여 자본주의에 불균등한 발전 경로를 부여한다. 서로에 대한 강한 의심 그리고 국가의 조정에 대한 훨씬 더 강한 의심 때문에 자본가는 시스템적인 불균등을 극복하지 못한다. 이와 마찬가지로 자본주의는 '발전된' 지역과 '미발전된' 지역이 급증하고 심지어 때로는 서로 대체됨에 따라 지리적으로도 불균등하게 발전한다.

"헤겔은 어디에선가
모든 거대한 세계사적 사건과 인물은
말하자면 두 번 나타난다고 언급한다.
그는 다음과 같이 덧붙이는 것을 잊었다.
첫 번째는 비극으로, 두 번째는 희극으로."

6장

잉여에 초점을 맞춘 분석에서 도출된 구체적인 통찰 외에도 맑스 및 많은 맑스주의자의 분석의 또 다른 주목할 만한 특징은 모순에 대한 그들의 관심이다. 그들은 사회의 형성 경향을 찾는 것을 넘어 보통은 역행하는 경향을, 게다가 역행하는 경향과 사회를 상이하고 대개는 충돌하는 방향으로 밀어붙이는 온갖 경향 내부에 있는 요소들을 찾고 찾는다. 모순에 대한 이러한 민감성과 관심은 부분적으로 맑스의 스승인 독일 철학자 헤겔에게서 비롯된다. 헤겔의 관점에서 보면 모든 것은 모순적이다. 삶(자연, 사회 등)의 모든 것은 상반되는 욕구, 힘, 압력의 다발이다. 사실 삶에 대한 우리의 사고 및 삶의 지식 또한 모순적일 수

밖에 없다.

맑스에게 있어서는 자본주의 역시 모순의 전형적인 예가 된다. 한 예로 맑스는 모든 자본가가 생산적 노동자로부터 가능한 한 많은 잉여를 얻고자 애쓴다고 우리에게 설명한다. 전유되는 잉여가 많을수록 주주를 행복하게 해줄 배당금으로, 관리자에게 동기를 부여할 높은 급여 등으로 분배될 수 있는 것이 더욱더 많아진다. 잉여 분배는 자본주의 시스템을 계속 유지하고 자본가의 지배력을 강화한다. 자본가가 사용할 수 있는 잉여가 많을수록 더 좋기 때문에 자본가는 항상 더 많은 잉여를 추구한다.

탐욕은 자본가들의 행동의 원인이 아니다. 그것은 그들이 자본주의 시스템 안에서 생존 경쟁의 요구사항을 수용하고 내면화하면서 획득하는 하나의 특성이다.

자본가들이 노동자들로부터 동일한 산출물을 얻으

면서 그들의 임금을 낮춘다면 자본가들은 더 많은 잉여를 전유할지도 모른다. 그러한 임금 낮추기를 달성하기 위한 다른 방법이 있다. 저임금노동자의 이주는 예나 지금이나 자본주의사회에서 유명한 현상이다. 한 인구 집단을 다른 인구 집단으로 (예를 들어 남성에서 여성으로, 성인에서 아동으로, 한 민족에서 다른 민족으로 등) 전환하는 것도 마찬가지다. 물론 이와 같은 임금 낮추기 메커니즘은 쫓겨난 임금 소득자가 분개하고 저항하기 때문에 모순을 수반한다. 그것은 자본가의 잉여에 (이를테면 쫓겨난 성난 노동자가 끼치는 기업의 피해를 상쇄하기 위해) 새로운 요구를 올려놓기 때문에 저임금 등에서 나온 이득을 무력화시킬지 모른다. 저임금노동자는 기업에 대한 충성도가 낮아 보일 수도 있다. 모순은 아주 많고 더 큰 사회적 맥락에 따라 임금을 낮추려는 초기 자본주의의 충동/경향을 압도할지 모른다.

임금을 낮추는 것 외에도 자본가들이 생산적 노동자

를 기계로 대체할 때 생산 비용은 감소될 수 있다. 자동화, 컴퓨터화 또는 로봇화는 생산적 노동자를 고용하는 것보다 저렴할 수 있다 — 그러므로 그를 대체할 수 있다. 하지만 자본가들이 더 낮은 임금을 지급하는 것에 그리고/또는 더 적은 노동자들을 고용하는 것에 성공하자마자 그들은 또 다른 모순에 직면할 수 있다. 노동자들은 임금 하락이나 자동화 충격 때문에 전보다 소득이 줄어들 수 있다. 따라서 그들은 자본가들이 팔아야 할 것을 덜 사게 될 것이다. 자본가들은 노동자들에 대한 지출을 줄임으로써 이익을 얻고자 했으나 그 결과 무심코 그들의 제품에 대한 수요를 약화시킨 것이다. 노동 비용을 절약하려는 사실상 보편적인 욕구는 생산된 모든 것을 팔려는 그와 유사한 욕구와 모순되게 작동한다.

그 시스템은 하나의 모순이다. 즉 자본가에게 부과된 바로 그 논리가 자본가의 전반적인 성공을 약화시킨다. 맑스주의자들에게는 어떤 법, 규칙, 규제, 행동 패턴도 이러한 모순에서 벗어날 수 없다. 어떤 것도 지금까지 그런 적이 없다.

자본주의는 이윤을 끌어올리는 노동 비용 절약기와 이윤을 폭락시키는 자본주의 생산물에 대한 유효 수요 부족기 사이에 반복되는 진동의 형식으로 이러한 모순을 경험한다. 그것이 바로 이 시스템이 작동하는 방식이다. 그리고 물론 자동화나 부족한 수요 때문에 해고된 노동자는 그러한 수요 부족을 악화시킬 수 있고, 그 때문에 심각한 경제 후퇴나 불황이 일어날 수 있다. 결국 경기침체로 인해 노동력과 생산된 투입물의 가치는 충분히 떨어지게 되고 자본가는 생산 재개에서 이익을 얻을 수 있게 된다. 그런 다음 경기상승이 뒤따르고 동일한 패턴의 주기적 불안정이 다시 반복된다.

『자본』세 권에 걸쳐 탐구된 이러한 모순과 다른 모순들 때문에 자본주의 시스템은 심히 불안정하다. 평균적으로 4년에서 7년마다 자본주의 시스템이 존재하는 곳마다 자본주의는 경기침체를 낳았다. 노동자는 갑자기 일자리를 잃었고 사업체는 파산했으며 실제로 일반 대중의 고통이 수개월 혹은 수년 동안 이어졌다. 이러한 불안정은 자연 재앙(홍수, 가뭄 등)과 사회적 재앙(전쟁)의 불안정화 효과에 더해 발생했다. 자본주의의 경제적, 사회적 불안정에 맞먹는 개인적인 불안정을 보이는 사람이라면 오래전에 전문가의 도움을 구하고 근본적으로 변화하라는 요구를 받았을 것이다.

맑스의 기본적인 주장은 자본주의가 불평등과 불안정을 생산하고 재생산한다는 것이다. 그것만으로도 우리는 이런 방식으로 작동하는 시스템을 받아들이는 모든 사람에게 도전해야 한다.

맑스와 다른 사람들의 저작을 통해 우리는 이제 자본주의의 모순은 물론 그것이 우리에게 부과한 부적절함과 불의도 인식할 수 있다. 자본주의의 자유·평등·

박애·민주주의 실현의 장애물로 판명된 것은 바로 그 시스템이 작동하는 방식 — 특히 그것이 그것의 잉여를 생산하고 전유하고 분배하는 방식 — 이다. 그리고 맑스는 또한 우리로 하여금 잉여의 조직화 방식에 주목하도록 함으로써 다음 시스템은 잉여의 조직화 방식이 민주주의적인 그러한 시스템이어야 한다는 것을 우리에게 알려준다. 거기[다음 시스템]에서는 잉여를 생산하는 사람과 그것을 전유하는 사람이 동일하다. 그리고 거기에서는 어떤 사회서비스를 수행하기 위해 잉여의 얼마만 한 부분을 누가 가져갈지를 생산적 노동자와 비생산적 노동자가 함께 민주적으로 결정한다.

"철학자들은 세계를 단지
다양하게 해석해왔을 뿐이다. 그러나 중요한
것은 세계를 변화시키는 것이다."

7장

이 에세이의 마지막 부분에서 우리는 자본주의의 부적절함 문제에 대한 해결책으로 맑스와 맑스주의자들이 제안한 것을 살펴보겠다. 맑스 자신은 자본주의 이후의 미래에 대해 거의 말하지도 쓰지도 않았다. 그는 미래를 내다보는 것을 믿지 않았다. 아무도 세계가 어떻게 발전할지 알 수 없었다. 맑스는 우리가 자본주의를 넘어서려면 어떤 일이 일어나야 하는지에 대한 몇 가지 생각을 우리에게 제공했다. 그러나 그는 어떠한 청사진이나 로드맵도 내놓지 않았다. [하지만] 후대 맑스주의자들이 이러한 망설임을 항상 공유한 것은 아니었다. 특히 맑스주의자들이 "사회주의" 사회라고 부른 사회에서 주도적인 역할을 하게 된 후에는 더욱 그랬다.

맑스는 아주 많은 사람이 말한 것과는 반대로 이러한 미래 포스트 자본주의 세계가 어떤 모습일지에 대해 국가 — 정부 — 가 모종의 지속적이고 중심적인 역할을 해야 한다고 결코 제안하지 않았다. 일부 후대 맑스주의자들은 맑스가 그것을 넌지시 내비친 것으로 해석했지만 그러나 맑스의 저작에서 그와 같은 생각을 찾는 것은 어렵다. 맑스는 국가에 대한 책을 전혀 쓰지 않았다. 왜냐하면 그것은 그의 분석의 중심이나 초점이 아니었기 때문이다. 그 초점은 오히려 사람들이 그들의 존재를 계속 생산하는 과정에서 맺게 되는 그들 사이의 관계, 즉 주인-노예, 영주-농노, 고용주-피고용인과 같은 관계였다. 그러한 관계 각각에서 소수의 사람, 즉 주인, 영주, 고용주가 모든 주요 생산에 대해 결정을 내린다. 그들은 무엇을 생산할지, 어떻게 생산할지, 어디에서 생산할지 그리고 생산적 노동자로부터 전유된 잉여로 무엇을 할지 결정한다.

자유·평등·박애·민주주의를 표방하는 사회를 수립하기 위해 무엇보다 먼저 바꿔야 할 대상은 생산이다.

사무실, 공장, 상점 혹은 가정에서, 즉 노동이 이루어지는 모든 곳에서 생산이 이루어지는 방식에 근본적인 변화가 있어야 한다. 맑스에게 있어서 그러한 변화의 목표는 일터의 맨 꼭대기에 있는 소수의 잉여 전유자, 즉 생산과 관련해 주요 결정을 내리는 사람과 그 일터에서 일하는 그 밖의 모든 사람이라는 이분법을 끝내는 것이다. 다수가 생산하거나 가능하게 한 잉여를 그것을 전유하는 소수의 수중으로 흘러 들어가게 해서는 더 이상 안 된다. 목표는 다른 경제 시스템, 즉 일터가 근본적으로 평등하고 민주적이 되는 시스템이다. 잉여의 생산자가 그 잉여의 전유자와 분배자가 되는 것이다. 따라서 착취는 끝난다. 일터에서의 결정 — 무엇을, 어떻게, 어디에서 생산할지 그리고 잉여를 어떻게 분배할지 — 은 생산적 노동자와 비생산적 노동자가 함께 1인 1표를 기반으로 민주적으로 내려야 한다.

이런 관점에서 일터를 민주화하는 것은 우리가 자본주의보다 "더 잘하는 것"을 개념화하는 방법이다.

만일 당신이 민주주의를 믿는다면, 만일 당신이 성인(成人)을 위한 자유가 민주적인 사회환경을 필요로 한다고 믿는다면, 그러면 그 민주주의는 당신의 일터를 포함해야 한다. 그곳은 대부분의 성인이 그들의 시간의 대부분 또는 적어도 그것의 주된 부분을 보내는 곳이다. 따라서 자본주의의 문제들에 대한 해결책은 자본주의의 일터를 완전히 바꾸는 것을 필요로 한다. 사라져야 할 것은 위에는 고용주, 아래에는 다수의 피고용인이라는 하향식, 이분법적 위계제이다. 그 대신에 일터는 모든 사람이 그곳에서 일어나는 일에 동등한 발언권을 갖는 민주적인 기관이 된다. 경제에 일어나야 할 일은 많은 민주주의자가 정치에 대해 오랫동안 주창해온 것과 같다. 결국 우리 모두에 대해 모든 기본적인 정치적 결정을 내리는 아주 소수의 사람에게 복종하는 것이 용납될 수 없다는 이유로 왕, 차르, 황제를 제거하는 일이 진행됐다. 동일한 논리가 경제상태에도 적용될 수 있고, 실제로 그것이 맑스의 주장을 파악하는 하나의 방법이다.

정치 민주화는 오랫동안 주문(呪文)이었고, 구호였고, 목표였다. 맑스는 다음과 같이 묻는다. 왜 정치의 민주화만 하는 것인가? 왜 경제의 민주화는 안 하는가?

한 발 더 나아가 맑스는 사실상 진정한 정치적 민주주의는 그 기반이자 동반자로서 경제적 민주주의를 필요로 한다고 주장한다.

만일 우리가 소수만 부유하게 만드는 어떤 경제 시스템을 허용한다면 그러한 부자들은 그들의 부를 이용해 정치 시스템을 부패시킬 것이고 그 결과 그것은 그들의 부를 지켜줄 것이다. 봉건제와 노예제 그리고 자본주의의 역사는 이러한 진실을 반복적으로 증명한다. 이 글을 읽는 모든 독자는 억만장자들이 표를 사기 위해 경쟁하는 오늘날의 천박한 광경을 보고 있다.

일터를 조직하는 다른, 민주적인 방식에 대한 맑스의 몸짓의 함의는 우리가 단지 사적 기업가나 사적 고용주를 국가 관료로 대체하는 것만으로는 자본주의를 넘어서는 데 결코 충분하지 않다는 것이다. 생산수단의 국유화나 사회화가 고용주 대 피고용인이라는 이분법을 유지하는 한 우리는 자본주의를 넘어서지 못할 것이다. 지난 100여 년에 걸쳐 국가자본주의가 사적 자본주의를 대체해오는 동안 어떤 사람들은 그러한 국가자본주의를 사회주의 또는 심지어 공산주의라고 했다. 그래서 어떤 사람들은 국영의 우체국, 철도 또는 은행을 사회주의의 증거로 언급한다. [반면] 다른 사람들은 소련, 중국 등과 같이 국가자본주의를 지배적인 경제 시스템으로 도입한 사회에 대해 사회주의라고 부르는 것을 유보한다.

물론 정의(定義)는 다양할 수 있고 다양하다. 맑스를 연구하는 요점은 그의 분석에서 생산적 노동자와 비생산적 노동자와 관련해 사적 자본주의 착취자를 국가 관료로 대체하는 것이 그가 자본주의 비판에서 염두에 두었던 자본주의를 넘어서는 것이 아니라는 점을 분명히 하는 것이다.

자본주의는 착취라는 말이 붙은 일터 관계가 종식될 때 대체된다. 그것은 생산적 노동자들이 그들이 생산하는 잉여를 더 이상 다른 사람들 — 잉여를 전유하고 분배하고 그러한 분배에 관한 모든 주요 결정을 내리는 사람들 — 의 손에 넘겨주지 않을 때 일어난다.

맑스의 해결책을 실현하는 것은 그저 유토피아적인 꿈에 불과한가? 나는 그렇게 생각하지 않는다. 사실 나는 많은 인간이 맑스의 사고방식을 이해하고 지지한다고 생각한다. 그래서 협동적이고 공동체적이며 다른 종류의 더욱 민주적인 일터 조직화라는 생각들이 인류 역사를 가로질러 어디서나 거듭 논의되고 시도된 것이다. 초기 미국 역사에는 농장, 상점, 소규모 공예 기업의 노동자들이 민주적이고 평등한 방식으로 모이는 노동자 협동조합이 있었다. 오늘날 스페인에는 몬드라곤 협동조합이라는 유명한 사례가 있다. 이탈리아의 에밀리아 로마냐 주(州)는 기업의 대략 40%가 노동자 협동조합 등으로 운영되는 곳이다.

맑스의 진술은 이런 생각들 가운데 하나로 보다 공식적이고 완전한 진술이다. 그는 그것을 좀 더 근대적인 정식화로 해결했다. 맑스는 그것을 체계적이고 이론적으로 정교한 방식으로 알려준다. 게다가 그렇게 함으로써 그는 정의로운 사회를 달성하는 그런 방향으로 나아가기 위해 거의 모든 문화에서 오랜 세월에 걸쳐 이뤄진 수많은 노력의 역사를 우리에게 되찾아준다.

맑스는 자본주의가 인류 역사의 끝이 아니라고 한 사회 비판가였다. 그것은 단지 가장 최근의 단계였고 더 나은 어떤 것으로의 이행이 절실히 필요했다.

맑스의 저작 덕분에 우리는 자본주의 지지자와 찬양자가 그들 이전에 노예제와 봉건제 지지자와 찬양자가 저지른 것과 똑같은 실수를 종종 한다는 것을 떠올릴 수 있다. 그들은 그들의 시스템이 역사의 마지막이라고, 그들이 선호하는 시스템이 그 어느 때보다 좋다고, 인류는 더 이상 잘할 수 없다고 간절한 마음으로 상상한다. [그러나] 그러한 사람들 하나하나가 모두 틀렸음이 입증되었다. 그렇다면 왜 오늘날 우리는 자본주의보다 더 잘할 수 없다고 우리에게 말하는 사람들을 믿을까? 맑스는 다른 많은 역사가처럼 봉건제, 노예제 및 다른 모든 경제 시스템에 역사가 있고, 그것들이 태어나고, 시간이 지남에 따라 진화하고, 죽고 그리고 다른 시스템에 길을 내줬다는 것에 주목했다. 1850년대가 되자 자본주의는 맑스가 자본주의를 더 나은 어떤 것으로 대체하는 것을 추구해도 될 만큼

무르익었다는 것을 그에게 보여줬다. 그의 분석은 그러한 추구의 결실이었다.

미국인들은 특히 지금 우리의 자본주의 시스템이 곤경에 처해 있다는 심각한 질문과 증거에 직면해 있다. 그것은 그것이 대다수 사람에게 봉사하고 있는 것보다 확실히 1%에게 훨씬, 훨씬 더 봉사한다. 잠시 동안 대중의 쓰라림, 퇴보, 분노는 고장난 경제 시스템에 대한 비판에서 멀어질 수 있다. 잠시 동안 이러한 분노는 슬프게도 익숙한 후보들 가운데 이주자, 무역 파트너, 소수자, 그 밖의 다른 것을 희생양 삼는 데 이용될 수 있다. 그러나 희생양 삼기는 문제를 해결하지 못했다. 희생양 삼기는 오늘날에도 문제를 해결하지 못한다. 머지않아 그러한 문제들을 심각하게 여기며 해결책을 찾고자 하는 사람들은 그들이 항상 그래왔듯이 풍부한 자원으로서의 맑스와 맑스주의 전통으로 가는 길을 찾아낼 것이다. 그 과정을 도와주는 것이 이 에세이의 목적이다.

"프롤레타리아들은 공산주의 혁명 속에서
족쇄 이외에 아무것도 잃을 것이 없다.
그들은 쟁취해야 할 세계가 있다.
만국의 프롤레타리아여, 단결하라!"

칼 맑스로부터의 인용구

13쪽

"지금까지의 모든 사회의 역사는 계급투쟁의 역사이다."

K. Marx & F. Engels, 1966, *Manifesto of the Communist Party*, Moscow: Progress Publishers[칼 맑스·프리드리히 엥겔스, 「공산주의당 선언」, 『칼 맑스 프리드리히 엥겔스 저작 선집』 제1권, 최인호 옮김, 박종철출판사, 1992].

21쪽

"물질적인 생활의 생산방식이 사회적, 정치적, 정신적 생활 과정 전반을 좌우한다."

K. Marx, 1970, *A contribution to the critique of political economy*, Moscow: Progress Publishers[칼 맑스, 「정치경제학의 비판을 위하여. 서문」, 『칼 맑스 프리드리히 엥겔스 저작 선집』 제2권, 최인호 옮김, 박종철출판사, 1992].

35쪽

"인간은 문자 그대로의 의미에서 정치적 동물, 즉 군거 동물일 뿐만 아니라 사회 속에서만 개별화될 수 있는 동물이다."

K. Marx & M. Nicolaus, 1973, *Grundrisse: Foundations of the critique of political economy*, New York: Vintage Books[칼 맑스, 『정치경제학 비판 요강』 제1권, 김호균 옮김, 백의, 2000].

51쪽

"우리가 사생활에서 어떤 사람이 자신에 관해 생각하고 말하는 것을 있는 그대로의 그와 구별하고 그가 실제로 행하는 것과 구별하듯이 역사상의 투쟁들에서는 더욱더 각 당파들의 문구와 환상을 그들의 실제 조직이나 그들의 현실적 이해와 구별해야 하고 또 그들의 관념을 그들의 현실과 구별해야 한다."

K. Marx & L. D. De, 1898, *The eighteenth Brumaire of Louis Bonaparte*, New York: International Pub. Co.[칼 맑스, 「루이 보나빠르뜨의 브뤼메르 18일」, 『칼 맑스 프리드리히 엥겔스 저작 선집』 제2권, 최인호 옮김, 박종철출판사, 1992].

57쪽

"자본가로서 그는 오로지 인격화된 자본일 뿐이다. 그의 영혼은 자본의 영혼이다. 그런데 자본은 단 하나의 생명 충동, 즉 가치와 잉여가치를 창출하고, 자신의 불변 부분인 생산수단이 가능한 한 최대의 잉여노동을 흡수하게 만드는 경향을 갖고 있다."

Karl Marx, 1818-1883(1959), *Das Kapital, a critique of political economy*, Chicago: H. Regnery[카를 마르크스, 『자본 I-1』, 강신준 옮김, 길, 2014].

67쪽

"헤겔은 어디에선가 모든 거대한 세계사적 사건과 인물은 말하자면 두 번 나타난다고 언급한다. 그는 다음과 같이 덧붙이는 것을 잊었다. 첫 번째는 비극으로, 두 번째는 희극으로."

K. Marx & L. D. De, 1898, *The eighteenth Brumaire of Louis Bonaparte*, New York: International Pub. Co.[칼 맑스, 「루이 보나빠르뜨의 브뤼메르 18일」, 『칼 맑스 프리드리히 엥겔스 저작 선집』 제2권, 최인호 옮김, 박종철출판사, 1992].

77쪽

"철학자들은 세계를 단지 다양하게 해석해왔을 뿐이다. 그러나 중요한 것은 세계를 변화시키는 것이다."

Karl Marx, "Theses on Feuerback", in K. Marx, 1975, *Karl Marx and Fredrick Engels. Selected Works*, Moscow: Progress Publishers[칼 맑스, 「포이에르바하에 관한 테제들」, 『칼 맑스 프리드리히 엥겔스 저작 선집』 제1권, 최인호 옮김, 박종철출판사, 1992].

89쪽

"프롤레타리아들은 공산주의 혁명 속에서 족쇄 이외에 아무것도 잃을 것이 없다. 그들은 쟁취해야 할 세계가 있다. 만국의 프롤레타리아여, 단결하라!"

K. Marx & F. Engels, 1966, *Manifesto of the Communist Party*, Moscow: Progress Publishers[칼 맑스·프리드리히 엥겔스, 「공산주의당 선언」, 『칼 맑스 프리드리히 엥겔스 저작 선집』 제1권, 최인호 옮김, 박종철출판사, 1992].

더 읽을 자료

David M. Brennan, David Kristjanson-Gural, Catherine P. Mulder and Eruk. K. Olsen, Editors, *Routledge Handbook of Marxian Economics*, London and New York: Routledge, 2017.

Theodore Burczak, Robert Garnett, and Richard McIntyre, Editors, *Knowledge, Class and Economics: Marxism Without Guarantees*, London and New York: Routledge, 2018.

Stephen Resnick and Richard Wolff, *Knowledge and Class: A Marxian Critique of Political Economy*, Chicago and London: University of Chicago Press, 1987.

Stephen Resnick and Richard Wolff, *Class Theory and History: Capitalism and Communism in the USSR*, New York and London: Routledge Publishers, 2002.

Stephen Resnick and Richard Wolff, Editors, *New Departures in Marxian Theory*, London and New York: Routledge, 2006.

Richard D. Wolff and Stephen A. Resnick, *Contending Economic*

Theories: Neoclassical, Keynesian and Marxian, Cambridge and London: MIT Press, 2012[리처드 울프·스티븐 레스닉,『경제학의 대결』, 유철수 옮김, 연암서가, 2020].

Richard D. Wolff, *Democracy at Work: A Cure for Capitalism*, Chicago: Haymarket, 2016.

리처드 울프에 대하여

리처드 울프는 현재 매사추세츠대학교 경제학과 명예교수로 있으며, 애머스트 캠퍼스에서 1973년부터 2008년까지 경제학을 가르쳤다. 그 이전에는 예일대학교와 뉴욕시립대학교에서 경제학을 가르쳤다. 울프는 또한 뉴욕시 브레히트 포럼의 정규 강사였다. 울프 교수는 또한 새로운 학술 단체인 경제사회분석협회(AESA) 및 그 계간지 『맑스주의를 다시 생각한다(Rethinking Marxism)』의 1988년 창립자 중 하나였다. 그는 현재 뉴욕시에 있는 뉴스쿨대학교 국제관계대학원 방문 교수로 있다.

울프 교수는 또한 그가 창립한 조직 '일터 민주주의'

가 제작하고 큐레이팅하는 〈리처드 울프의 경제 업데이트(Economic Update with Richard D. Wolff)〉의 진행자이다.

더 알고 싶다면, www.rdwolff.com

일터 민주주의에 대하여

일터 민주주의는 보다 강력하고 민주적인 경제 시스템으로 가는 핵심 경로로서 노동자 협동조합 및 민주적 일터를 옹호하는 501ⓒ3에 등록된 비영리단체이다. 리처드 울프의 『일터 민주주의: 자본주의 치료제(Democracy at Work: A Cure for Capitalism)』라는 책을 기반으로 우리는 사무실, 상점, 공장 등 모든 수준에서 노동자들이 그들의 기업의 방향과 그들의 공동체 및 사회 전반에 미치는 영향에 대해 동등한 목소리를 갖는 미래를 상상한다.

일터 민주주의는 〈리처드 울프의 경제 업데이트〉 쇼뿐 아니라, 〈데이비드 하비의 반자본주의 연대기(David Harvey's Anti-Capitalist Chronicles)〉, 〈앤드류 메르카도-바스케스와 함께하는 푸에르토리코 앞으로(Puerto Rico Forward with Andrew Mercado-Vázquez)〉, 〈해리엇 프라드 박사와 함께하는 자본주의 가정을 덮치다(Capitalism Hits Home with Dr. Harriet Fraad)〉와 같은 팟캐스트를 제작한다.

더 알고 싶다면, www.democracyatwork.info

옮긴이의 말

1.

이 책은 맑스주의를 이해하기 쉽게 소개하는 것을 목적으로 쓴 에세이 형식의 글이다. 분량도 적고 어려운 용어도 많지 않아 맑스주의를 알고 싶어 하는 사람들에게는 적합해 보인다. 혹여 낯선 용어가 나오더라도 요즘에는 인터넷 검색을 통해 쉽게 찾아볼 수 있으므로 내용을 파악하고 읽어나가는 데 큰 어려움은 없으리라 생각한다.

그리고 이 책은 맑스주의와 관련된 논쟁적인 주장을 담고 있지 않다. 또한 맑스주의 연구자를 주된 대상으로 삼지도 않는다. 그저 맑스주의 초심자도 맑스주의에 용이하게 접근할 수 있도록 그 정수(精髓), 핵심을 간추려 간결하게 서술하고 있다. 이것은 이 책의 특징이자 장점으로 보인다.

오늘날 맑스주의는 악마화되어 있다. 만일 당신이 악마화된 맑스주의(=왜곡된 맑스주의)에 대한 선입견과 편견 그리고 그러한 이미지를 제쳐두고 합리적인 사고를 바탕으로 이 책을 읽어나간다면 자연스럽게 맑스주의가 말한 것, 맑스주의의 핵심에 도달할 것이다. 덧붙여 이 책은 맑스주의 전반을 아우르는 광범위하고 방대한 내용을 다루고 있지 않으며 전문적인 학술 용어도 가급적 피하고 있다. 맑스주의 입문서로서 제격이라 할 수 있겠다.

2.
쉽게 쓰인 책이긴 하지만 독자들이 글의 맥을 짚어나가는 데 도움이 되고자 하는 바람에서 글의 흐름을 쫓아가면서 간략히 요약하고 몇 가지 함의를 살펴보겠다.

2008년 붕괴로 인해 수많은 사람이 엄청난 고통과 희생을 감내해야 했다. 그리고 그로부터 현재 시스템에 무엇인가 문제가 있음을 자각하게 됐다. 그들은 이러한 붕괴를 초래한 기성 정치권을 몰아내는 것만으로는 부족하고, 오히려 시스템을 바꿔야 하는 것이 아닌가 하는 생각에 이르렀다.

현대 자본주의가 자신의 결함과 실패를 드러낸 오늘날 특히 미국에서는 오랫동안 금기시되었던 맑스주의에서 자본주의 시스템에 대한 철저한 비판과 문제 해결의 단초를 찾으려는 욕구가 늘어나고 있다. 울프는 이 책을 그에 대한 응답이자 무엇보다 맑스주의를 이해하기 쉽게 설명하려는 기초 작업으로 여긴다.

3.
오늘날 자본주의는 전지구적 시스템이 되었다. 그러

나 완벽한 시스템이라 생각했던 자본주의가 2008년 붕괴를 맞았다. 이는 자본주의가 불안정하고 불안한 시스템이라는 것을 보여주었다. 즉 자본주의의 결함과 실패가 드러난 것이다. 특히 자본주의가 99%에게 보다 1%에게 더 많은 재화를 전달한다는 울프의 주장은 자본주의의 극단적 불평등을 극명하게 보여주는 표현이라 할 수 있다. 이러한 상황에서 자본주의에 대한 비판적 태도가 전지구적으로 부활하고 자본주의를 비판하는 사상과 실천 가운데 가장 중요한 전통인 맑스와 맑스주의에 대한 관심이 증가한 것은 자연스러운 일이었다.

울프는 맑스가 자본주의 비판가가 된 이유에서 시작한다. 맑스는 프랑스혁명의 자유, 평등, 박애 그리고 미국혁명의 민주주의가 실현되길 바랐다. 그는 자본주의가 그러한 요구를 실현해주리라 믿었고, 또한 그것이 이전의 경제 시스템인 노예제, 봉건제보다 더 나은 시스템일 거라 생각했다. 프랑스혁명과 미국혁명은 자본주의 수립에 성공했다. 그러나 그 혁명들의 요구, 즉 자유, 평등, 박애, 민주주의를 실현하지 못했다. 아니, 그러한 약속을 내팽개쳤다.

4.
왜 그랬을까? 맑스는 그 이유를 찾는 것을 자신의 목표를 삼았고, 그 혁명들의 요구를 실현하는 데 놓인 장애물이 바로 자본주의의 구조 그 자체임을 마침내 밝혀냈다. 이 책에서 울프는 맑스를 쫓아 인류 역사의 경제 시스템을 살펴보는 것에서 시작한다. 노예제와 봉건제 그리고 자본주의가 그것이다. 재화와 용역의 생산 및 분배에 관여하는 인간 집단은 크게 둘로 나눌 수 있다. 노예경제에서는 주인과 노예, 봉건경제에서는 영주와 농노, 자본주의에서는 고용주와 피고용인이다. 노예, 농노, 피고용인(정확히는 생산적 노동자)은 잉여노동을 수행한다. 이들은 필요노동 이상으로 노동함으로써 잉여생산물을 만들어낸다. 하지만 이 잉여생산물은 잉여 생산자의 몫이 아니다. 그것은 주인,

영주, 고용주가 가져간다. 이들을 잉여 전유자라 부른다. 달리 말해 어느 경제 시스템에서나 잉여를 생산하는 자(노예, 농노, 피고용인)와 그 잉여를 전유하는 자(주인, 영주, 고용주)가 있고, 잉여 생산자는 잉여 전유자에게 자신의 잉여생산물을 빼앗긴다. 잉여 생산자는 착취당하는 것이다.

5.
경제 시스템에 대한 이러한 분석은 맑스의 경제학의 핵심, 즉 잉여론을 구성한다. 잉여란 노동하는 사람이 자신이 소비하는 것 이상으로 생산할 때 발생하는 초과생산물이다. 이러한 잉여로 인해 노동하지 않는 사람들이 잉여를 분배받아 생존한다. 잉여에 의지해 살아가는 집단을 크게 두 개로 나눌 수 있다. 즉 잉여를 전유하는 자와 잉여 전유자로부터 잉여 일부를 다시 분배받아 살아가는 잉여 수취자이다.

앞서 언급했듯이 자본주의 경제 시스템에서 잉여 생

산자는 피고용인(생산적 노동자)이고 잉여 전유자는 고용주(자본가)이다. 고용주에 의한 잉여의 전유는 잉여의 착취, 잉여생산물의 착취와 다름없다. 이러한 착취적인 생산관계를 바탕으로 자본가는 경제는 물론이고 정치, 문화에서도 지배적인 위치를 차지하게 된다. 달리 말해 고용주(자본가)는 사회적으로 지배적인 계급이 되며, 그들이 사회를 전반적으로 통제한다.

6.

맑스의 분석의 한 가지 함의는 고용주는 피고용인에게 지급하는 임금을 항상 낮추려고 하고 노동시간 및 작업 속도는 늘리려고 한다는 것이다. 왜냐하면 피고용인에게 임금으로 돌아가는 부분이 작아질수록 그리고 노동자에 의해 부가된 가치가 커질수록 고용주의 잉여는 더 커지기 때문이다. 하지만 피고용인은 자신의 삶을 임금에 의존하기 때문에 항상 더 많은 임금을 요구한다. 그러므로 자본주의에서는 언제나 고용주와 피고용인 사이의 갈등이 벌어진다. 이것을 계급

투쟁이라 한다. 계급투쟁은 자본주의에서 불가피한 것이다.

또 다른 함의는 피고용인을 잉여를 생산하는 자와 잉여를 생산하지 않는 자(잉여 전유자인 고용주로부터 잉여 일부를 분배받는 자, 즉 잉여의 수취자)로 나눌 수 있다는 것이다. 맑스의 말로는 생산적 노동자와 비생산적 노동자이다. 여기서 비생산적 노동자는 오늘날 기업에서 관리감독 등의 기능을 수행하는 자를 말한다. 비생산적 노동자는 잉여 전유자와 관련해서는 잉여 수취자이지만 생산적 노동자와 관련해서는 생산적 노동의 조력자가 된다. 이러한 존재 조건으로 인해 비생산적 노동자는 정치적 동맹에서 다양하고 모호한 입장에 놓이게 된다.

7.
맑스주의의 특징 중 하나는 모순개념을 통해 자본주의를 분석한다는 것이다. 이를테면 자본가(고용주)는 더 많은 잉여를 가져가기 위해 노동자의 임금을 낮추려고 한다. 자본가는 자동화를 통해 노동자를 적게 고용하고 더 낮은 임금을 주려고 한다. 하지만 이것은 노동자의 임금 하락을 야기하고 상품에 대한 유효 수요를 감소시킨다. 이러한 과정을 달리 표현하면 자본가의 노동 비용을 절약하려는 욕구가 생산된 것을 전부 팔려는 욕구와 부딪힌다. 즉 상반되는 경향이 충돌하는 것이다. 이렇듯 자본주의는 모순적이다. 이것은 일시적이고 일회적인 사태가 아니며 주기적으로 반복된다. 그 과정에서 경제 침체와 불황이 나타나며 그로부터 노동자는 희생당한다. 이것이 시스템의 작동 방식을 바꿔야 할 이유다.

우리의 일터에서 생산이 이루어지는 방식을 바꾸는 것, 즉 무엇을, 어떻게, 어디서 생산할지 그리고 생산적 노동자의 잉여로 무엇을 할지에 대해 고용주(자본가), 최상층의 소수가 아닌 다수의 생산적 노동자와 비생산적 노동자가 다 함께 평등하고 민주적인 방식으로 결정하는 것! 이것이 자본주의 이후 다음 시스템의 작동 방식이 되어야 한다.